PRAG

Prag, der uralte Sitz der tschechischen Herzöge und Könige ist heute die Hauptstadt der Tschechischen Republik. Prags Anfänge sind mit der Existenz zweier Prager Burgen eng verknüpft — mit der älteren Prager Burg und der jüngeren, dem Vyšehrad — welche von Anfang an, die sich stufenweise erweiternde Besiedlung des Prager Kessels bewachten. Unsere Wanderung mit dem Fotografen von Prag führt uns just durch die ältesten historischen Teile der Stadt. Wir besuchen die Prager Burg und Hradschin, die Kleinseite, machen einen kurzen Halt auf der Karlsbrücke — der wichtigsten mittelalterlichen Kommunikation, die die Prager Städte an beiden Ufern der Moldau miteinander verbindet —, lenken aus der Altstadt unsere Schritte in das Prager Ghetto und beenden nach kurzem Aufenthalt in der Neustadt unsere Wanderung durch Prag auf dem altehrwürdigen Vyšehrad — von wo — der Sage nach — die berühmte Libuše, die Gemahlin Herzogs Přemysl, den Ruhm der Stadt prophezeite

PRAAG

Praag, de oeroude zetel van de Boheemse vorsten en koningen, is tegenwoordig de hoofdstad van Tsjechië. De aanvang van Praag is verbonden met het bestaan van twee Praagse burchten; de Praagse burcht (Pražský hrad), die de oudste is, en de jongere burcht Vyšehrad. Beide beschermden vanaf het begin de Praagse vallei, waar zich geleidelijk de bevolking uitbreidde. Onze fotografische wandeling door Praag leidt juist door de historisch oudste delen van onze stad. Wij bezoeken de Praagse burcht en de wijken Hradčany en Malá Strana en blijven kort op de Karelsbrug staan die als het belangrijkste middeleeuwse communicatiemiddel dienst deed, omdat ze beide oevers van de Moldau met elkaar verbond. Vanaf Staré Město (Oude Stad) richten we onze schreden naar het Praagse getto en na een kort oponhoud in Nové Město (Nieuwe Stad) beeindigen we onze tocht door Praag op de vanoudst beroemde Vyšehrad vanwaar volgens de legende Libuše, de gemalin van de vorst Přemysl, de roem van de stad geprofeteerd heeft

IHS

JIŘÍ VŠETEČKA

PRAG PRAAG

MARIE VITOCHOVÁ
JINDŘICH KEJŘ

Thema und Text: © Marie Vitochová, Jindřich Kejř, 1994
Fotografie: © Jiří Všetečka, 1994
Bildnerische Gestaltung: © Václav Rytina, 1994
Übersetzung: © Jiří und Ruth Kuča
Verlag V RÁJI, 1994

Thema en tekst:
© Marie Vitochová, Jindřich Kejř, 1994
Foto's: © Jiří Všetečka, 1994
Grafische vormgeving: © Václav Rytina, 199
Vertaling: © Petra Rokovská
Uitgeverij V RÁJI, 1994
ISBN 80-85894-01-7

Durch das imposante frühbarocke Matthias — Tor vom Anfang des 17. Jahrhunderts kommt man vom Hradschiner Platz in das Areal der Prager Burg, der typischen Dominante der Haupstadt der Tschechischen Republik. Mächtige Barockstatuen auf Pfeilern am Eingang in den Ehrenburghof stellen kämpfende Giganten dar

Door de imposante vroeg- barokke Matthiaspoort uit het begin van de 17e eeuw gaan wij vanaf het Hradčansképlein naar het areaal van de Praagse burcht, die zo karakteristiek is voor de hoofdstad van de Tsjechische republiek. De reusachtige barokke standbeelden op de pilaren rond het Erebinnenhof stellen de strijdende Giganten voor

Vor dem Hintergrund des nüchterneren klassizistischen Burgpalastes nehmen sich der barocke Sandstein—Springbrunnen mit reichlicher plastischen Verzierung und daneben das kunstvoll geschmiedete Renaissance-Brunnengitter aus dem 17. Jahrhundert gut aus

Tegen de achtergrond van het sobere klassicistische burchtpaleis komen de barokke zandstenen fontein met rijke plastische versiering en de bron uit de 17e eeuw ernaast met renaissancistisch smeedwerk goed uit

Der barocke Umbau des ursprünglich romanischen bischöflichen Palastes mit der Statue des hl. Wenzels von dem Bildhauer Jan Jiří Bendl an der Ecke und die gotischen Linien der St. Veits Kathedrale beweisen die Vielfalt der Baustile im Areal der Prager Burg

De barokke verbouwing van het oorspronkelijk romaans Bisschoppelijk paleis waar op de hoek het standbeeld van de heilige Wenceslas staat, een werk van Jan Jiří Bendl, en de aangrenzende gotische lijnen van de St.-Vituskathedraal laten zien hoe gevarieerd de bouwstijlen op het areaal van de Praagse burcht zijn

Die Künstler des Mittelalters Matthias von Arras und Peter Parler begannen auf der Prager Burg den großartigen Bau und die Ausschmückung der St. Veits Kathedrale. Die Architekten vom Ende des 19. Jahrhunderts und anfangs des 20. Jahrhunderts Kamil Hilbert und Josef Mocker knüpften mit Erfolg an die Arbeit der alten Meister an. Die monumentale Gestalt der tschechischen Hauptkirche ist Ergebnis dieser gemeinsamen Anstrengung

De middeleeuwse bouwmeesters Matthias van Atrecht en Petr Parler begonnen op de Praagse burcht met de grootscheepse bouw en decoratie van de St.-Vituskathedraal. Daar knoopten de architecten van het einde van de 19e eeuw en het begin van de 20e eeuw, Kamil Hilbert en Josef Mocker, succesvol bij aan. Het resultaat is deze monumentale bouw die de belangrijkste Tsjechische kathedraal vormt

Das spätgotische Relief des mit dem Drachen kämpfenden hl. Georgs im Tympanon des Renaissance-Säulenportals der Basilika des hl. Georg auf der Prager Burg. Die Kirche des hl. Georg mit dem Kloster ist das besterhaltene romanische Denkmal nicht nur auf der Prager Burg, sondern auch in ganz Böhmen. Die weißen Türme dieser Kirche bilden den nicht wegzudenkenden Teil des Panoramas von Prag. Autor des barocken Sandstein-Kenotaphs des hl. Johannes von Nepomuk ist Ignaz Franz Platzer

Laatgotisch reliëf op het timpaan van het renaissancë zuilenportaal van de St.-Jorisbasiliek op de Praagse burcht, voorstellende de strijd van St.-Joris met de draak. De St.- Jorisbasiliek vormt met het klooster de best bewaarde romaanse bouwwerk, niet alleen op de Praagse burcht maar in geheel Tsjechië. De witte torens van deze kerk vormen een niet-weg-te-denken onderdeel van het panorama van Praag. De barokke zandstenen cenotaaf van de heilige Johannes Nepomuk is van Ignác František Platzer

DIVO IOANN
CRATA

Die Eingangstür in den kostbarsten Teil der St. Veits Kathedrale: die Kapelle des hl. Wenzel. Diese wird beherrscht von der Tonschiefer-Statue des hl. Wenzel aus dem Jahre 1373, geschaffen von Heinrich Parler

De toegangsdeur naar het meest bijzondere deel van de St.-Vituskathedraal, de Wenceslaskapel, die door het standbeeld van de heilige Wenceslas uit 1373 uit kalkmergel, een werk van Jindřich Parléř, wordt gedomineerd

Das Interieur der St. Veits Kathedrale ist reich an Ausschmückung aus verschiedenen Epochen. Auf dem Bild sieht man die bronzene Statue des Kardinals Friedrich Schwarzenberg von Josef Václav Myslbek vom Ende des 19. Jahrhunderts. Dahinter das geschnitzte Relief „Die Flucht Friedrichs von der Pfalz aus Prag“ aus der Zeit nach 1625

Het interieur van de gotische St.-Vituskathedraal kent rijke decoratie uit verschillende eeuwen. Op de foto zien we het bronzen standbeeld van kardinaal Bedřich Schwarzenberg uit het einde van de 19e eeuw van de beeldhouwer Josef Václav Myslbek. Daarachter bevindt zich het houten relief „Vlucht van Frederik van de Palts uit Praag“, houtsnijwerk van na 1625

Das erhabene, zart wirkende Gewölbe der St. Veits Kathedrale und die hohen Fenster mit den berühmten Vitragen erwecken bei den Besuchern Erfurcht und Bewunderung. Im Inneren der Kirche findet man auch die Meisterwerke des böhmischen Barocks. Das Marmordenkmal von Marschal Leopold Šlik schuf Franz Maximilian Kaňka, die Büste und die Plastiken stammen von Matthias Bernard Braun

Hoog, broos lijkend gewelf in de St.-Vituskathedraal en de beroemde glas-in-loodramen wekken onze aandacht en bewondering. In het interieur van de kathedraal vinden wij ook hoogtepunten van Tsjechische barok. Het marmeren monument van maarschalk Leopold Šlik maakte František Maxmilián Kaňka, de buste en plastieken zijn van Matthias Bernard Braun

Das gotische Gewölbe der Goldenen Pforte (Zlatá brána) der St. Veits Kathedrale, in der sich die Grabmäler der böhmischen Könige befinden. Vor dem Eingang zur Goldenen Pforte steht die Reiterstatue des mit dem Drachen kämpfenden hl. Georg vom Ende des 14. Jahrhunderts

Het gotische gewelf van de Gouden Poort van de St.-Vituskathedraal waar ook de graven van de Tjechische koningen zijn. Voor de Gouden Poort (Zlatá brána) staat het ruiterstandbeeld van St.-Joris vechtend met de draak, uit het einde van de 14e eeuw

Beim Blick aus dem Köninglichen Garten wird der Besucher von der wunderschönen Silhouette der St. Veits Kathedrale mit dem Hauptturm — dessen Kern aus der Anfangszeit des Baues stammt — und den schlanken neugotischen Türmen gefesselt

Vanuit de Koninklijke tuin wordt de blik van toeschouwer door het prachtige silhouet van de St.-Vituskathedraal getrokken. De slanke torens zijn neogotisch, de kern van de hoofdtoren is uit de ontstaanstijd van de bouw

Eins der Kleinodien der Prager Renaissance: der Singende Brunnen. Er befindet sich in der Nähe des Königlichen Lustschlosses und ist Ziel vieler Prag-Besucher, die die Kunst der Meister der Renaissance bewundern möchten

Één van de renaissance pronkstukken in Praag, de Zingende fontein, staat vlak bij het Koninklijke zomerverblijf. Vele bezoekers van de Praagse burcht richten hun schreden hierheen om het werk van renaissancekunstenaars te bewonderen

Der romantische Teil von Hradschin heißt Neue Welt (Nový svět). Hier stehen kleine, niedrige Häuser, deren Kern meist aus dem 16. und 17. Jahrhundert stammt. In die Neue Welt kommt man vom Loreto-Platz (Loretánské náměstí) aus um die Kirche der Jungfrau Maria von den Engeln

Het romantische deel van de Praagse burcht heet Nieuwe Wereld (Nový svět). Wij vinden hier lage kleine huisjes, waarvan de kern meestal uit de 16e en 17e eeuw stamt. Wij bereiken de Nieuwe Wereld vanaf het Loretánsképlein (Loretánské náměstí) langs de kleine kerk van de Engelachtige Maagd Maria

25
90
HRADČANY
PRAHA 1
Požární
automat.
KLÍČ
u domovníka
a strážníka.

Das barocke Praemonstratenser-Kloster mit der Abtkirche Maria Himmelfahrt auf der Strahover Höhe; ursprünglich ein romanischer Bau vom Ende des 12. Jahrhunderts. Es is nicht nur berühmt durch seine Architektur, sondern auch durch die hochgeschätzte Bibliothek

Het barokke premonstratenzerklooster met de abdijkerk Maria Hemelvaart op de Strahovheuvel. Oorspronkelijk een romaanse bouwwerk uit het einde van de 12e eeuw die niet alleen door de architectuur maar ook door de waardevolle bibliotheek beroemd is

Vom Erzbischöflichen Palast mit der wunderschönen Fassade am Hradschiner Platz gelangt man in einigen Minuten durch die Loretogasse zum berühmten Prager Loreto mit dem bekannten Glockenspiel der Marien-Melodie und den wertvollen Sammlungen des Kirchenmobiliars

Vanaf het Aartsbischoppelijk paleis op het Hradčansképlein waarvan de prachtige versiering op de façade goed uitkomt, bereiken wij in een paar minuten via de Loretánskástraat het beroemde Praagse Loreta met een carillon, dat elk uur een Marialied speelt en een schitterende liturgische verzameling in de schatkamer

Durch die Nerudagasse oder über die Neue Schloßstiege (Nové zámecké schody) kommt man von der Prager Burg herunter in die romantischen Gassen und Winkel der Kleinseite

Vanaf de Praagse burcht gaan wij door de Nerudovastraat of via de Nieuwe Slottrappen (Nové zámecké schody) naar beneden naar de romantische straten en hoeken van de Malá Strana

NA KAMP

Einer der mächtigen Bögen der Karlsbrücke (Karlův most) wölbt sich über den Moldauarm Čertovka (Teufelsbach). Schon im Mittelalter wurden hier einige Mühlen und zusammenhängende Häuserzeilen mit direktem Zugang zum Wasser gebaut, sodaß dieser Teil Prags nicht nur zufällig auch Prager Venedig genannt wird. Heute ist Čertovka das Paradies der Wassersportler

De reusachtige brugboog van de Karelsbrug (Karlův most) welft zich over de arm van de Moldau, Čertovka (Duivelsbeekje). Daarop werden al in de middeleeuwen molens en een ononderbroken rij huizen gebouwd met toegang tot het water en daarom noemt men dat gedeelte het Praagse Venetië. Čertovka is tegenwoordig een paradijs voor watersport

Ein Fragment des Wappens der Herren von Dražice kann man am Rest des Turms des ehemaligen Palastes des Prager Metropoliten sehen.
Der Bau wurde anfangs der hussitischen Kriege vernichtet

Op een overblijfsel van de toren van het toenmalige paleis van de Praagse metropolitaan in Malá Strana kunnen wij een fragment van het wapenschild van de Heren van Dražice zien. De bouw is aan het begin van de Hussietische oorlogen te gronde gegaan

Die Fassaden der prunkvollen Bürgerhäuser und Adelspaläste sind dem Kleinseitner Ring (Malostranské náměstí) zugewandt und stellen eine Revue der verschiedensten Baustile vergangener Zeiten dar

De façaden van de monumentale burgerhuizen en adellijke paleizen zijn naar het Malostransképlein gekeerd en laten ons een reeks verschillende bouwstijlen uit vorige eeuwen zien

Unweit der Kleinseitner Brückentürme hält sich zwischen der neuen Bebauung noch der uralte frühgotische Turm des ehemaligen bischöflichen Palastes verborgen, dessen Gründer Jan IV. von Dražice war

Niet ver van de brugtorens in Malá Strana verbergt zich tussen de aangrenzende nieuwe bebouwing nog één oeroude vroeg-gotische toren van het toenmalige bisschoppelijke paleis dat door Jan IV. van Dražice gesticht werd

Die ganze Nerudagasse ist wegen der Fassaden der vielen Häuser und Paläste mit vielen sehenswerten Details eine Besichtigung wert. Sehr interessant ist in einer Nische unter der Burgrampe eine alleinstehende Bronze-Statue der Eva, von dem Bildhauer Jan Štursa

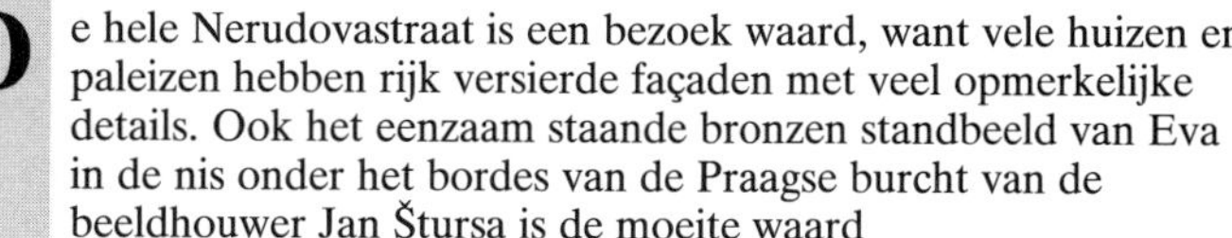

De hele Nerudovastraat is een bezoek waard, want vele huizen en paleizen hebben rijk versierde façaden met veel opmerkelijke details. Ook het eenzaam staande bronzen standbeeld van Eva in de nis onder het bordes van de Praagse burcht van de beeldhouwer Jan Štursa is de moeite waard

Der Kleinseitner Ring ist von malerischen gotischen und Renaissance-Bogengängen gesäumt. Heute findet man hier zahlreiche kleine, romantische Gasthäuser, von denen sich schöne Ausblicke auf die St. Niklas-Kirche bieten

Het Malostransképlein wordt door bekoorlijke gotische en renaissance wandelgalerijen omgeven. Zij zijn nu vol kleine romantische cafeetjes waarvandaan zich mooie uitzichten op de St.-Nicolaaskerk bieden

Die Kleinseitner St. Niklas-Kirche gehört zu den bedeutendsten böhmischen, barocken Kirchendenkmälern. An ihrem Bau beteiligten sich Christoph und Kilian Ignaz Dientzenhofer und Anselmo Lurago, die berühmten Mitgestalter des barocken Prags. Im Inneren der Kirche finden sich malerische und bildhauerische Kleinodien von Ignaz Franz Platzer, Johann Hennevogel, Richard und Peter Prachner, Franz Xaver Balko, Johann Lucas Kracker, Karel Škréta und Ludwig Kohl

De St.-Nicolaaskerk in Malá Strana behoort tot de belangrijkste Tsjechische religieuze bouwwerken. Aan de bouw hebben Kryštof en Kilián Ignác Dientzenhofer en Anselmo Lurago deelgenomen, beroemde medescheppers van het barokke Praag. In het interieur van de kerk kunnen wij schitterende schilder- en beeldhouwwerken van Ignác František Platzer, Jan Hennevogel, Richard en Petr Prachner, František Xaver Balko, Jan Lukáš Kracker, Karel Škréta en Ludvík Kohl zien

Die Kleinseitner Gassen und Häuser, gebaut in verschiedenen historischen Zeitabschnitten, bilden auch heute noch bewunderte schöne Winkel; z. B. in der Saská ulice (Sächsische Gasse) oder in der Lázeňská ulice (Badgasse) sowie in der Nähe der Malteser Ordenskirche. An anderer Stelle fesselt die Blicke der Besucher das Detail eines kunstvoll geschmiedeten Balkongitters über einem frühbarocken Portal oder eine alte Straßenlaterne

De straten en huizen in Malá Strana die in verschillende historische tijdperken gebouwd werden, vormen nu mooie plekjes, bijvoorbeeld die in de Saskástraat, Lázeňskástraat of in de buurt van de Maltezerkerk. Op andere plaatsen wordt onze aandacht door een detail van smeedwerk op een balkon boven een vroegbarok portaal getrokken of door een oeroude lamp van de straatverlichting

289
MALÁ STRANA
PRAHA 1

Den zweiten Höhepunkt der sakralen barocken Architektur auf der Kleinseite stellt die Klosterkirche des hl. Thomas dar, die ursprünglich aus der zweiten Hälfte des 13. Jahrhunderts stammt. Aus der Josefská ulice (Josefsgasse) kann man dieses Fassadendetail der Ausgustinerkirche des hl. Thomas sehen. Die steinerne Staute der Heiligen Dreifaltigkeit, die zum Dank für die gebannte Pestepidemie aufgestellt wurde, steiht im oberen Teil des Kleinseitner Rings

Een ander hoogtepunkt van sacrale barokarchitectuur in de Kleine Zijde is de St. Thomas-kloosterkerk, oorspronkelijk daterend uit de tweede helft van de 13e eeuw. Vanaf de Josefskástraat zien we dit onderdeel van de façade van de augustijner St.-Thomaskerk. Het stenen standbeeld van de Heilige Drieëenheid, gemaakt uit dankbaarheid voor het verdrijven van een pestepidemie, staat op het bovenste gedeelte van het Malostransképlein

SIT
GLORIA
DEO PATRI, DEO FILIO,
DEO SPIRITVI SANCTO.
SUB
GLORIOSISS: AUSPICIIS
AUGUSTISS: & INVICTISS:
ROMANORŪ IMPERATORIS
CAROLI VI.
GER: HIS: HUN: & BOEM:
REGIS POTENTISSIMI
Ô PIORUM
VRBS PRA:
SECRAT.

Typisches Kleinseitner Bild: enge, verträumt wirkende Gassen voll prächtiger Häuser und Paläste dicht neben einfachen Bauten, wie am Jánský vršek (Johannisbergl) und in der Nähe von Tržiště (Marktgasse), lassen romantische Vorstellungen vergangener Jahrhunderte wach werden und bilden ein besonderes, unwiederholbares Kleinseitner Klima

Karakteristiek voor Malá Strana zijn de smalle, als het ware dromerige straatjes met een aantal monumentale huizen en paleizen in de buurt van lage eenvoudige bouwwerken, vooral die op de Jánskýheuvel en rond Tržiště wekken romantische voorstellingen van voorbijgegane eeuwen, en creëren een bijzondere sfeer die nergens terugkomt

40

Eine der Prager Dominanten — der Aussichtsturm (Petřínská rozhledna — 60 m) am Laurenziberg, die verkleinerte Kopie des Eiffelturms — wurde im Jahre 1891 am Petřín (Laurenziberg) errichtet. Von diesem bieten sich die schönsten Ansichten in den Prager Kessel, auf die Burg, die Stadt mit der Moldau mit ihren zahlreichen Brücken

Één van de bouwwerken die Praag kenmerken: de Petřínuitzichtstoren (Petřínská rozhledna — 60 m). Deze wat kleinere copie van de Parijse Eiffeltoren werd in 1891 op de heuvel Petřín geplaatst. Vanaf de uitzichtstoren openen zich de mooiste vergezichten op de Praagse vallei, op de Praagse burcht, de stad en de Moldau met haar talrijke bruggen

Wunderschön sind die Kleinseitner Paläste mit ihren Gärten, die einem großen Teil der Kleinseite den adeligen Stil verleihen. Märchenhaft wirkt das Lobkowitz—Palais unter dem Laurenziberg oder die im Grün ertrinkenden Paläste mit ihren Loggien, Treppen, Balustraden und Brunnen direkt unter der Prager Burg

Het mooiste zijn de palaizen in Malá Strana met tuinen die de adellijke stijl van een aanzienlijk deel van Malá Strana zijn uiteindelijke vorm geven. Een sprookjesachtige indruk maakt het Lobkovickýpaleis onder Petřín of de in het groen verzonken paleizen onmiddellijk onder de Praagse burcht met loggia's, trappen, balustraden en bronnen

Zu den schönsten Kleinseitner Palast-Gärten gelören die gartenanlagen der Palais, die die Waldsteingasse säumen. Meistens sind sie terrassenartig angelegt, verschönert mit Springbrunnen, Plastiken, Treppen, Balustraden und schmückenden Sala terrenen und Gartenhäuschen

Tot de mooiste tuinen in Malá Strana behoren de tuinen bij de paleizen die de Valdštejnskástraat omringen. Zij zijn meestal terasvormig, versierd door bronnen, plastieken, trappenhuizen, paviljoentjes, balustraden, gedecoreerde sala terrena's en tuinhuisjes

Zu den bekanntesten Prager Palastgärten gehört Vrtbovská zahrada (Vrtba Garten), von hier aus bieten sich unvergleichliche Ausblicke auf die St. Niklas-Kirche. Eindrucksvoll sind die Blicke über die Kleinseitner Dächer, wie z. B. dieser auf einen Teil der Front des Lobkowitz-Palais

Tot de bekendste Praagse paleistuinen behoort de Vrtbovskátuin, waaruit zich tevens unieke uitzichten op de St.-Nicolaaskerk aanbieden. Ook de blik over de verschillende daken is opmerkelijk, zoals bijvoorbeeld deze op een deel van de voorgevel van het Lobkovickýpaleis

FRANCISCVS CAROLVS
LIEBSTEINSKŸ
SAC:ROM:IMP:COMES
à KOLOWRAT

Das mächtige plastisch ausgeführte Steinwappen des František Karel Libštejnský von Kolowraty schmückt die Stirnwand der St. Niklas-Kirche auf der Kleinseite. Auch das Šternberk-Palais hat an der Front das Wappen mit dem Stern des Adelsgechlechts. Der nachbarliche Palast mit turmartigen Ecken gehörte dem bedeutenden böhmischen Adelsgeschlecht der Smiřickýs. Die beiden wunderschönen Paläste in der Nähe der Kleinseitner Brückenturme mit den Laubengängen beherrschen die nördliche Seite des Kleinseitner Rings

De voorgevel van de St.-Nicolaaskerk in Malá Strana wordt door een reusachtig plastisch stenen wapen van František Karel Libštejnský van Kolovraty versierd. Ook het Šternberskýpaleis draagt op de voorgevel het familiewapen met de ster. Het aangrenzende paleis met torens op de hoeken behoorde het belangrijke adellijke geslacht Smiřický. Door deze beide prachtige paleizen met wandelgalerijen wordt het noordelijk gedeelte van het Malostransképlein gekenmerkt

Die berühmte Karlsbrücke (Karlův most) ist das steinerne Juwel im Herzen Prags. Das Werk der Hochgotik wurde zur Regierungszeit Karls IV. erbaut. Der Bau der Brücke und des Altstädter Brückenturms bestätigte die Meisterschaft Peter Parlers und seiner Bauhütte. Die barocke Monumentalität und Frömmigkeit machten sie zu einer Galerie der Statuen und Statuengruppen, die einmalig in der Welt ist

De Karelsbrug (Karlův most) is het stenen pronkstuk in het hart van Praag. Dit bouwwerk uit het hoogtepunt van de gotiek werd onder het bewind van Karel IV. gebouwd. Bijde bouw van de brug en de bruggetoren aan de Oude Stad-kant, bewees zich het meesterschap van Peter Parler. De barokke monumentaliteit en de vroomheid die door de rij standbeelden en groepsbeelden wordt uitgedrukt, kent in de hele wereld zijn weerga niet

An der überwiegend barocken Ausschmückung der Brücke beteiligten sich die Bildhauer des Barocks Matthias Bernhard Braun, Ferdinand Maximilian Brokoff, Johann Ulrich Kohl, Ignaz Franz Platzer, Michael Mandel und Matthias Wenzel Jäckel

Aan de barokke standbeeldenversiering van deze alles overheersende brug, hebben de barokke beeldhouwers Matthias Bernard Braun, Ferdinand Maxmilián Brokoff, Jan Oldřich Mayer, Jan Bedřich Kohl, Ignac František Platzer, Michael Mandel en Matěj Václav Jäckel deelgenomen

Die Brücke wird auf der Altstädter Seite von einem Brückenturm bewacht, der — wie auch die ganze Brücke — von der Parler'schen Bauhütte errichtet wurde. Diese durchgängige Befestigung war schon immer der Stolz der Stadt und vor allem das Bollwerk ihrer Sicherheit. Einen Teil ihrer äußeren Verzierung bilden die Wappen der Länder, welche unter die Herrschaft der bömischen Krone gehörten

De toegang tot de brug wordt aan de kant van Staré Město door een brugtoren beschermd die net als de hele brug door het bouwgilde van Petr Parler werd gebouwd. Deze doorrijvestingstoren was altijd de trots van de stad en diende vooral ter bescherming van de veiligheid. Een onderdeel van zijn versiering zijn ook de wapens van landen die onder de regering van de Tsjechische koning vielen

Der Eintritt durch den Brückenturm in die Alstadt wirkt geradezu bombastisch. Den kleinen Raum des Kreuzherrenplatzes beherrschen in erster Linie die kirchlichen Bauten aus der Barock-Epoche. Das Gegengewicht zum Turm bildet die mächtige Front der Salvator-Kirche mit reicher äußerer bildhauerischen Verzierung und wunderschönem Interieur. Die Kirche des hl. Franziskus von Serafin sticht mit einer hohen Kuppel hervor, die mit den angrenzenden Gebäuden des Kreuzherren-Konvent einen Teil der typischen Ansichten auf das Altstädter Brückenende bildet. In den Platz hinein reicht auch ein Teil des jesuitischen Komplexes des Klementinum, in dem sich heute die größte Bibliothek befindet. An der Mündung der Karlsgasse in den Kreuzherren-Platz steht der Colloredo-Mansfeld-Palast

De toegang vanaf de vestingstoren tot Staré Město is gewoonweg bombastisch. Op de kleine ruimte van het Křižovnicképlein komen vooral de religieuze bouwwerken uit het baroktijdperk goed uit. Het tegenwicht van de toren wordt door de reusachtige voorgevel van de St.-Salvatorkerk met rijke standbeeldversiering naast een prachtig interieur gevormd. De St.-Franciscus Serafinuskerk valt op door de machtige koepel die net als de aangrenzende gebouwen van het Kruisherenconvent onderdeel uitmaakt van het karakteristieke panorama dat zich vanaf de Karelsbrug aan de zijde van Staré Město aanbiedt. Het plein wordt ook door een deel van het Jezuïetencomplex Klementinum beheerst waar zich tegenwoordig de grootste bibliotheek bevindt. Aan het begin van de Karlovastraat aan het Křižovnicképlein staat het Colloredo-Mansfeldpaleis

Einen Teil der Ausschmückung des Brückenturms bilden die sitzenden Figuren Karls IV. und seines Sohnes Wenzel IV. Das Detail der gotischen Blume zeigt die Kunst der Steinmetzmeister der Hochgotik

Een onderdeel van de decoratie op de Oudestadsbrugtoren zijn de zittende gestalten van Karel IV. en zijn zoon Wenceslas IV. . Het detail van een gotische bloem laat ons het meenterschap van steenhouwers uit de tijd waarin de gotiek op haar hoogtepunt was, zien

Der verschneite Kreuzherren-Platz mit dem monumentalen Denkmal Karls IV., des Urhebers der Steinernen Brücke. Dieses Werk wurde aus Anlaß des 500-jähringen Jubiläums der Gründung der Karls-Universität im Jahre 1848 errichtet

Het Křižovnicképlein met het monumentale standbeeld van Karel IV., de opdrachtgever van de bouw van de stenen brug, in de sneeuw. Het standbeeld werd hier t.g.v. het 500ste jubileum van de Karelsuniversiteit in 1848 geplaatst

Die Altstädter Gassen Husova und Liliová (Hus- und Liliengasse) münden in die Karlova ulice (Karlsgasse) — der belebte Verbindungsweg zwischen der Brücke und der Altstadt, der früher ein Teil des Königsweges war

De Husovastraat en de Liliovástraat in Staré Město monden uit in de Karlovastraat. Deze drukke verbindingslijnen tussen de brug en het centrum van de Staré Město waren vroeger een onderdeel van de Koningsweg

LILIOVÁ ULICE
I.

H
čp. 466

Die Altstadt besaß immer — im Gegensatz zur Kleinseite — eher einen bürgerlichen Charakter. In der Vergangenheit stellte sie immer den festen politischen und ökonomischen Halt des Herrschers dar. Diesen Tatsachen entspricht auch ihre Architektur und Atmosphäre. Das Stadtbild beherrschen bürgerliche Häuser und prunkvolle kirchliche und öffentliche Bauten

In tegenstelling tot Malá Strana had Staré Město altijd meer een burgerlijk karakter. In de verleden vormde zij altijd de vaste politieke en economische steun en toeverlaat van de heerser. Daarmee komt de architectuur en de sfeer van dit gedeelte van Praag overeen. Natuurlijk overheersen hier burgerhuizen, maar er zijn ook monumentale kerkelijke en utiliteitsgebouwen

Ein typisches Bild aus der Altstadt — die bürgerlichen Häuser auf dem Kleinen Ring (Malé náměstí) mit dem sehenswerten Gitter des Renaissance-Brunnen. Der hohe gotische Turm des Altstädter Rathauses mit der vielbewunderten astronomischen Turmuhr

Een karakteristiek plaatje uit Staré Město (de Oude Praagse Stad); burgerhuizen op het Kleine plein (Malé náměstí) met een opmerkelijk renaissance hekwerk op de bron. De hoge gotische toren van het raadhuis van de Oude Stad waar het astronomische uurwerk het meest bewonderd wordt

Der Altstädter Ring (Staroměstské náměstí) mit dem geräumigen Marktplatz war schon seit dem 11. Jahrhundert der zentrale Raum, der sich formierenden Stadt. Hier konzentrierten sich alle wichtigen Ereignisse im Leben der Stadt. Um den Platz herum wuchsen die bedeutendsten Gebäude wie z. B das Altstädter Rathaus und die monumentale bürgerliche Kathedrale der hl. Jungfrau Maria vor dem Teyn (Panna Maria před Týnem). Aus der gotischen Epoche ist hier das wunderschöne Haus „U Zvonu“ (Zur Glocke) erhalten geblieben; oder aus der Renaissance-Epoche Týnská škola (die Teyn-Schule). Zum Höhepunkt des Barock zählt in der Altstadt die St. Nikolaus-Kirche und der Golz-Kinský-Palast mit einer mit Rokoko-Elementen verzierten Fassade

Het Oudestadsplein met een omvangrijke markt was al vanaf de lle eeuw de centrale ruimte van de stad. Alle belangrijke gebeurtenissen in het stadsleven waren juist hier geconcentreerd. Rond het plein ontstonden de belangrijkste gebouwen zoals het raadhuis van de Oude Stad en de monumentale kathedraal van de Maagd Maria voor Týn, de zg. Týnterk. Uit de gotische tijd stammen hier het prachtige huis „Bij de stenen klok“ en uit het renaissance tijdperk de Týnschool. Het hoogtepunt van Praagse barok in Staré Město wordt gevormd door de St.-Nicolaaskerk en het Golz-Kinskýpaleis met rococofaçade

1621

Ein Beispiel der Interieur-Ausschmückung des Altstäder Rathauses (Staroměstká radnice), an welcher sich bedeutende tschechische Maler beteiligten wie z. B. Mikoláš Aleš. Über dem Renaissance-Verbundfenster sieht man die Inschrift, die die führende Stellung des mittelalterlichen Prags im böhmischen Königreich verkündet

Versiering van het interieur in het raadhuis van de Oude Stad waaraan belangrijke Tsjechische schilders deelgenomen hebben, zoals Mikoláš Aleš. Boven het renaissanceraam van het raadhuis is een opschrift dat de leidende positie van het middeleeuwse Praag in het Tsjechische koninkrijk vermeldt

Zahlreiche von Besucher pilgern täglich zur Hauptattraktion am Altstäder Ring (Staroměstské náměstí) — zur einzigartigen astronomischen Turmuhr (Staroměstský orloj) mit beweglichen Figuren der Heiligen und den Allegorien der Monate von Josef Mánes

Duizenden bezoekers richten dagelijks hun schreden naar de grootste attractie op het Oudestadsplein (Staroměstské náměstí) naar het unieke uurwerk met bewegende figuren van heiligen en met allegorieën van de maanden van de schilder Josef Mánes

D ie gotische Kapelle unter dem Rathausturm ziert eine reiche plastische Ausschmückung mit Statuen der Heiligen und der Madonna mit dem Kind

e hoek van de gotische kapel onder de toren van het raadhuis van de Oude Stad pronkt met rijke plastische versiering met standbeelden van heiligen en de Madonna met Kind

Ein Detail des monumentalen Jugendstil-Denkmals Jan Hus von dem Bildhauer Ladislav Šaloun. Das Denkmal beherrscht den nördlichen Teil des Platzes

Detail van het monumentale Jugendstilstandbeeld van Johannes Hus van de beeldhouwer Ladislav Šaloun. Dit standbeeld beheerst het noordelijk deel van het Oudestadsplein

Die mittelalterlichen Juwelen der Altstadt — die Kirche der hl. Jungfrau vor dem Teyn und das Haus U Kamenného beránka (Zum steinernen Lamm). Im Inneren der Kirche befindet sich das bemerkenswerte Grabmal des dänischen Astronomen Tycho de Brahe

De middeleeuwse pronkstukken van Staré Město; de Týnkerk en het huis „Bij het stenen lammetje“. De opmerkelijke grafsteen in de kerk is van de Deense astronoom Tycho de Brahe

551
STARÉ MĚSTO
PRAHA 1

Die Prager Judenstadt ist auch ein berühmter Teil der Altstadt. Hier sind seltene Denkmäler der jüdischen Gemeinschaft erhalten geblieben. Neben der Alt-Neusynagoge vom Ende des 13. Jahrhunderts und dem Rathaus gehört der Starý židovský hřbitov (Alter jüdischer Friedhof) zu den meistbesuchten Plätzen; das älteste erhaltene Grabmal, das des Dichters Avigdor Karo, stammt aus dem Jahre 1439

Een bekend onderdeel van Staré Město is de Praagse Joodse Stad Josefov, waar unieke monumenten van de Joodse gemeenschap bewaard bleven. Naast de Oud-nieuw synagoge uit het einde van de 13e eeuw en het raadhuis wordt het Oude Joodse kerkhof het meest bezocht, waar de oudste grafsteen van de dichter Avigdor Karo uit het jaar 1439 afkomstig is

Zu den architektonisch interessanten Objekten der Judenstadt zählt das Gebäude der Begräbnis-Bruderschaft vom Anfang dieses Jahrhunderts. Heute ist hier die Exposition des Jüdischen Museum untergebracht

Architectonisch interessant is het gebouw van het Begrafenisgilde (Ceremoniehal) uit het begin van deze eeuw. Nu bevindt zich hier de expositie van het Joodse Museum

Ein Detail des Metallgitters am Eingang in den Prager Alten jüdischen Friedhof, der mit etwa 12 000 Grabsteinen zu den meistbesuchten Orten Prags gehört

Detail van het hekwerk dat de toegangspoort tot het Oude Joodse kerkhof vormt. De Oude Joodse begraafplaats telt in het geheel ongeveer 12 000 grafstenen

Die Ansammlung von Grabsteinen und Tumben mit gravierten oder plastischen Inschriften und Relief-Symbolen auf dem Alten jüdischen Friedhof weckt Achtung bei den Besuchern aus aller Welt

Een opeenhoping van grafstenen en grafmonumenten met Hebreeuwse ingegraveerde of plastische opschriften en symbolen op het Oude Joodse kerkhof dat door bezoekers uit de hele wereld wordt vereerd

Auf dem Alten jüdischen Friedhof (Starý židovský hřbitov) finden sich an die 12 000 Grabsteine und Tumben aus Sandstein oder Slivenecer Marmor. An den Friedhof grenzen noch die Klausová- und Pinkasova- (Klausen- und Pinkas) Synagogen

Op het Oude Joodse kerkhof (Starý židovský hřbitov) zijn ongeveer 12 000 grafstenen en grafmonumenten geconcentreerd, meestal uit zandsteen of uit marmer uit Slivenec. Aan het kerkhof grenzen nog de Klausen en Pinkassynagoge

Ein Detail des Gitters der Eingangstür zur Maisel-Synagoge, die die kostbaren Sammlungen der silbernen Kultgeräte beherbergt

Detail van het hekwerk op de toegangsdeur naar de Maiselsynagoge waar een waardevolle verzameling zilveren rituele voorwerpen ondergebracht is

Das neuromanische Gebäude der Begräbnis-Bruderschaft von Architekt Antonín Gerstl erinnert durch seine Architektur an eine kleine romanische mittelalterliche Burg

Het neoromaanse gebouw van het begrafenisgilde van de architect Antonín Gerstl herinnert ons door zijn architectuur aan een romantisch middeleeuws slotje

Besonders eindruckvoll wirken die älteren Teile des Neuen jüdischen Friedhofs (Nový židovský hřbitov) in Prag-Straschnitz (Strašnice). Verlassen wirken heute die erhabenen Grabmäler bedeutender Mitglieder der jüdischen Gemeinde vom Ende des 19. Jahrhunderts und Anfang des 20. Jahrhunderts. Hier finden wir auch das Grabmal von Franz Kafka

Vooral de oudere delen van het Nieuwe Joodse kerkhof (Nový židovský hřbitov) in Praag-Strašnice hebben een buitengwoon sterk effect. De monumentale grafstenen van belangrijke leden uit de Joodse gemeenschap uit het einde van de 19e en begin van de 20e eeuw zien er nu eenzaam en verlaten uit. Op dat kerkhof vinden wij ook het graf van Frans Kafka

Die ganze Welt verbindet das jüdische Prag vor allem mit dem Namen Franz Kafka. Deshalb versäumt wohl keiner der Besucher das Prager Ghetto, die Alt-Neusynagoge und die Kafka-Büste am Haus Nr. 24 in der Nachbarschaft der Nikolaus-Kirche zu besichtigen

Het Joodse Praag wordt in de hele wereld vooral met de naam van de schrijver Frans Kafka verbonden. Noch zijn gedenkbuste op het huis Nr. 24 naast de St.-Nicolaaskerk noch de Oud-nieuw synagoge zullen de bezoeker van het Praagse getto over het hoofd zien

Anfangs des 20. Jahrhunderts entstanden in den assanierten Teilen der Altstadt wunderschöne Neorenaisance- und Jugendstilhäuser, wie z. B. in der Pariserstraße (Pařížská ulice). Dieses Detail einer Jugendstil-Fassade sieht man in der nahen Stockhausgasse (Vězeňská ulice)

Prachtige huizen in neorenaissance en Jugendstil werden aan het begin van de 20e eeuw in de gesaneerde deelen van Staré Město gebouwd, vooral in de Pařížskástraat. Dit detail van een Jugendstilfaçade is uit de vlakbijliggende Vězeňskástraat

1902

Die bekannten Gebäude an der Grenze zwischen Altstadt und Neustadt: das berühmte Gemeindehaus (Obecní dům) mit wunderschönen äußeren wie auch inneren Verzierungen und das Haus gen. „Špalíček“ am unteren Ende des Wenzelsplatzes (Václavské náměstí)

Bekende gebouwen op de grenslijn tussen de Staré en Nové Město: het beroemd geworden Obecní dům (Gemeenschapshuis) met prachtige Jugendstilversiering aan de buitenkant en in het interieur, en het huis genaamd „Špalíček“ aan het onderste gedeelte van het Wenceslasplein (Václavské náměstí)

PHILIPS
osvetleni

Vom Jungmann-Platz (Jungmannovo náměstí) treten wir in den Hof der gotischen Maria-Schnee-Kirche in der Neustadt. Die Stirnwand ziert die Madonna mit dem Gotteskind

Vanaf het Jungmannplein gaan wij naar het hofje van de gotische kerk van de Maagd Maria Sneeuw in Nové Měsťo (de Nieuwe Praagse Stad). De voorgevel wordt door een groot mozaïek met de Madonna met het Godskind versierd

Die berühmte Reiterstatue des hl. Wenzel, Böhmens Landespatron, von dem Bildhauer Josef Václav Myslbek am oberen Ende des Wenzelsplatzes (Václavské náměstí). Den Hintergrund bildet die Stirnfront des Nationalmuseums (Národní muzeum); ein hervorragender Neorenaissance-Bau des Architekten Josef Schulz vom Ende des 19. Jahrhunderts. Das Museum schließt auf imposanteweise das Zentrum der Neustadt und ganz Prags — den Wenzelsplatz ab

Het ruiterstandbeeld van de Heilige Wenceslas, patroon van het Boheemse land, van de beeldhouwer Josef Václav Myslbek kreeg een plaats op het bovenste gedeelte van het Wenceslasplein. Op de achtergrond zien wij de voorgevel van het Nationaal Museum (Národní muzeum), een schitterend neorenaissance gebouw van de architect Josef Schulz uit het einde van de 19e eeuw. Het Wenceslasplein, het centrum van Nové Město en van geheel Praag, wordt door het Museum imposant afgesloten

Ein Blick auf das hohe Kirchenschiff der gotischen Klosterkirche Maria-Schnee. Der anliegende Klostergarten ist eine grüne Oase im Zentrum der Stadt

Een blik op het hoge kerkship van de gotische kloosterkerk van de Maagd Maria Sneeuw. De kloostertuin aan de kerk is een groene oase middenin het stadscentrum

Unmittelbar am Moldaukai steht das prächtige Neorenaissance-Gebäude des Nationaltheaters (Národní divadlo), die Kulturstätte der Nation, die die Nation für sich gebaut hatte

Onmiddellijk aan de oever van de Moldau staat het prachtige neorenaissance gebouw van het National Theater (Národní divadlo), een cultuurcentrum dat het hele volk voor zichzelf liet bouwen

Die mächtige Bronze-Plastikgruppe Adria von Jan Štursa dominiert die Fassade des gleichnamigen Palastes in der Nationalstraße (Národní třída)

De opvallende façade van het Adriapaleis aan de Nationaalstraat (Národní třída) wordt door een reusachtige bronzen beeldengroep met dezelfde naam gemaakt door Jan Štursa beheerst

Ein Muster architektonischer Plastiken aus den reichen Verzierungen des Hauptbahnhofs, eines bedeutenden Baues von Anfang des 20. Jahrhunderts nach einem Projekt von dem Architekten Josef Fanta

Een voorbeeld van de architectonische plastieken die de rijke versiering van het Centraal Station uitmaken, een belangrijk Jugendstilgebouw uit het begin van de 20e eeuw gebouwd naar een ontwerp van Josef Fanta

Der nächtliche Anblick der Moldau und über ihr die Silhouette des altehrwürdigen Vyšehrad, welcher vor Zeiten den Eingang in den Prager Kessel bewachte

Met deze blik bij avond volgen wij de stroom van de Moldau en daarboven zien wij het silhouet van de oeroude Vyšehrad die ooit de toegang tot de Praagse vallei beschermde

An der Vyšehrader Kirche der Heiligen Peter und Paul liegt der bekannte Friedhof mit seinem Hauptteil Slavín, der Grabstätte der bedeutenden Persönlichkeiten der tschechischen Nation. Die barocke Reiterstatue des hl. Wenzel — jetzt auf dem Vyšehrad — stand ursprünglich am Wenzelsplatz

Het beroemde kerkhof op Vyšehrad waarvan het hoofdgedeelte Slavín is, de begraafplaats van belangrijke persoonlijkheden uit het Tsjechische volk, ligt naast de St.-Petrus-en-Pauluskerk. Het barokke ruiterstandbeeld van de Heilige Wenceslas dat nu op Vyšehrad staat, stond oorspronkelijk op het Wenceslasplein

DVOŘÁK

Die funerale Ausschmückung des Grabmals des Komponisten von Weltruf Antonín Dvořák ist das Werk des tschechischen Bildhauers Bohumil Kafka. In den sog. Wiehl'schen Arkaden, gebaut im Stil der tschechischen Neorenaissance, die den Friedhof umgeben, begegnen wir Namen von vielen bedeutenden Personen aus tschechischer Politik, Handel und Kultur. Den Entwurf der malerischen Ausgestaltung im Neorenaissance-Stil stammt von Rudolf Říhovský

De decoratie op het grafmonument van de wereldbekende componist Antonín Dvořák is het werk van de Tsjechische beeldhouwer Bohumil Kafka. In de neorenaissancistische zg. Wiehl-arcaden waardoor het kerkhof wordt omgeven, vinden wij vele namen van belangrijke mensen uit de Tsjechische politiek, handel en cultuur. De beschilderingen in neorenaissancestijl zijn ontworpen door Rudolf Říhovský

Auch der Torso des ehemaligen Vyšehrader Haupttores aus der Zeit Karls IV., gen. Špička, findet sich hier

Het overblijfsel van de toenmalige hoofdpoort van Vyšehrad uit de tijd van Karel IV. genoemd Špička doet ons tevens zijn oorspronkelijk macht en sterkte vermoeden

Das älteste erhaltene Denkmal auf dem Vyšehrad aus der Zeit des frühen Mittelalters — die romanische Rotunde des hl. Martin — ist im Grün des weitläufigen Parks verborgen

De oudst bewaarde bezienswaardigheid op Vyšehrad uit de tijd van de vroege middeleeuwen, de St.-Maartensrotonde, is verborgen in het groen van het ruime Vyšehradse plantsoen

PRAG

Die Wanderung mit dem Fotografen durch Prag ist zu Ende. Wir führten Sie durch die interessantesten und bekanntesten Viertel der Metropole; wir zeigten Ihnen die Fertigkeiten unserer Ahnen, deren Sinn für die Verknüpfung der Zweckmäßigkeit mit der Schönheit. Zum heutigen Bild Prags leisteten zu verschiedenen Zeiten Baumeister, Künstler und kunstgewerbliche Handwerker auch aus fremden Ländern ihren Beitrag und brachten ihre anderweitig gewonnenen Erfahrungen zur Geltung. Deshalb ist Prag ein einzigartiges architektonisches Juwel dank der Verschiedenheit der Kunststile, dem Einfluß der europäischen Künstler und ihrer Fähigkeit sich dem Prager Ambiente anzupassen. Die Stadt ist ein ständiges dankbares Objekt nicht nur für Fotografen, sondern auch für Maler, Dichter und Komponisten. Sie alle entdecken hier Plätze von besonderem Liebreiz, die der gewöhnliche Besucher garnicht bemerkt. Prag ist einfach eine Stadt, die man nicht vergessen kann und in die man immer wieder zurückkehrt

De wandeling door Praag gezien door de ogen van een fotograaf, is ten einde. Wij hebben u door de meest interessante en meest bekende delen van de Tsjechische metropool begeleid, wij hebben u de bekwaamheden en kunst van onze voorouders laten zien, hun zin voor de verbinding van doelmatigheid en schoonheid. Een eigen inbreng in de huidige vorm van Praag hadden in verschillende tijdperken ook bouwmeesters, kunstenaars en handwerkers uit andere landen die hier hun opgedane ervaringen op scheppende wijze hebben toegepast. Dankzij de verschillende stijlen, dankzij de invloed van Europese kunstenaars en hun vermogen zich aan de Praagse omgeving aan te passen is Praag een uniek architectonisch juweel. Deze stad vormt niet alleen voor een fotograaf maar ook voor schilders, dichters en componisten een onuitputtelijk onderwerp. Zij ontdekken plaatsen en bekoorlijkheden die de gewone sterveling niet bemerkt. Praag is gewoon een stad om niet te vergeten om steeds naar terug te keren

PRAAG

PRAG
PRAAG

JIŘÍ VŠETEČKA MARIE VITOCHOVÁ JINDŘICH KEJŘ

Umschlag, Bindung und grafische Gestaltung: Václav Rytina
Deutsche Übersetzung: Jiří und Ruth Kuča
Niederländische Übersetzung: PhDr. Petra Rokovská und Hanny Visser
Herausgegeben vom Verlag V RÁJI (V Ráji 229, Praha 9) 1994 als 23. Publikation, 136 Seiten, 121 Schwarz-Weiß-Fotografien
Druck: Východočeská tiskárna Pardubice (Smilova 487)
Buchbindearbeiten: Polygrafia Sadská

Omslag, band en grafische vormgeving Václav Rytina
In het Duits vertaald door: Jiří en Ruth Kuča
In het Nederlands vertaald door: PhDr. Petra Rokovská en Hanny Visser
le uitgave, Praag 1994
Uitgegeven door uitgeverij V RÁJI (V Ráji 229, Praag 9), 1994, als haar 23e publicatie, aantal blz. 136, waarvan 121 zwart-wit foto's
Drukkerij: Východočeská tiskárna Pardubice (Smilova 487)
Het bindwerk werd verzorgd door Polygrafia Sadská

KERAMO